U0077319

2019文藝雅集
青春昂揚
作家制服照片特刊

文訊雜誌社・編

前言

閃熠的文學風景

封德屏

　　進入《文訊》前,我已在雜誌界歷練了多年。女性雜誌、消遣雜誌、電視週刊、汽車雜誌……等,這些著重封面、色彩、版面設計以及用紙、裝幀講究的刊物,我都結結實實地工作過。除了採訪、編輯的基本功,平日也喜歡陪美術設計組的人一起加班,學著割字、改字,幫忙校正,在完稿紙上貼上描圖紙……他們也不厭其煩地為我解答有關設計印刷的一些問題。當時雜誌界美編部門的主管,大都從廣告公司美術設計部門挖角過來,這些高手看似稀鬆平常的指導,日後才深深體會到收穫很多。

　　1984年12月來到《文訊》,看到仍是鉛字排版、凸版印刷,風格如此素樸,確實有點吃驚。於是和總編輯李瑞騰商量,改為平版印刷,封面也開始彩印。改變製版和印刷方式,為的是讓雜誌的編排更具美感。工作經驗告訴我,文字搭配圖片,無論視覺美感或內容詮釋,都占有極重要位置。一張泛黃照片、一紙陳舊手稿、一個斑駁圖像,往往勝過萬語千言。

　　剛開始《文訊》還沒有專業攝影師,編輯要兼攝影。出門採訪或出席一些大型活動,我總是借用先生那台單眼「尼康」。後來焦桐加入團隊,就由他兼任攝影工作。記得和焦桐一起採訪了何容、吳三連、巫永福。現在《文訊》照片資料庫中,早期前輩作家的照片,好幾張傑作都出自焦桐的巧手,值得一記。

　　喜歡用照片搭配文章,成為《文訊》的一種特色。有時為了文章中敍述的某樣物件,千辛萬苦才能尋獲,也許是一封積塵百年的信函,或是一張風化殘破的剪報,都讓我們有追蹤到真實線索因而破案的興奮;人物專訪時,除了為作家拍攝各種角度的照片,也會央求資深作家提供青少年時的照片,向讀者展示一路行來的風霜雨露。

同樣一件事用文字描述，不同的作者呈現不同的風貌，讀者的解讀也不盡相同。照片的功能，除了呈現「百聞不如一見」的真實性，一方面舒緩了長篇文字帶來的壓力及枯燥，也在美化版面、視覺效果上，發揮了極大功效。

　　因此，擅長也慣用照片做為思考主題的《文訊》，這些年來舉辦了許多溫馨有趣跟照片有關的專題，進一步成為可看性很高的展覽，有「作家結婚照」、「少年十五二十時」、「親情圖」……。表面上是一張照片，一篇短文，圖片說明再長也不過百來字，事實上，從中不僅映照出作家個人的文學歷程、生命長廊、家族史，甚至關聯到台灣史、民國史。

　　去年開始，我們全面盤點「文藝資料中心」近五萬張館藏的照片，希望能加速掃描、詮釋的工作。有幸得到「文化部推動國家文化記憶庫計畫」補助，借重許多資深作家的努力辨識，從去年開始，得以持續穩定地從事照片掃描數位化的工作。

　　本次主題為「制服照片」，是《文訊》負責照片資料庫、「重陽文藝雅集」的同仁，提出的集體發想，獲得大家的贊同。因受限於時間、經費，又要照顧到品質，只能納入一百七十張照片。

　　「軍服」是這次「制服照」亮點之一。不論捍衛社稷，受過嚴格訓練的職業軍人，或短暫服預備役的官、士、兵，個個都是雄赳赳、氣昂昂，軍中作家確實是台灣文學發展過程中的一大特色。今日提筆，當年執戈，柔弱斯文與英姿颯颯，對比明顯。環境和訓練，原來可以如此改變、造就一個人！

　　照片拍攝的年代，集中在作家十四、五歲到二十歲左右，果真少年英雄、青春無敵，讓人豔羨又懷念。純真明亮的雙眸中，已隱然閃熠出可期待的文學風景，也照現出他們創造出即將到來的文學春天。

青·春·昂·揚 ｜作家制服照片｜

目
次

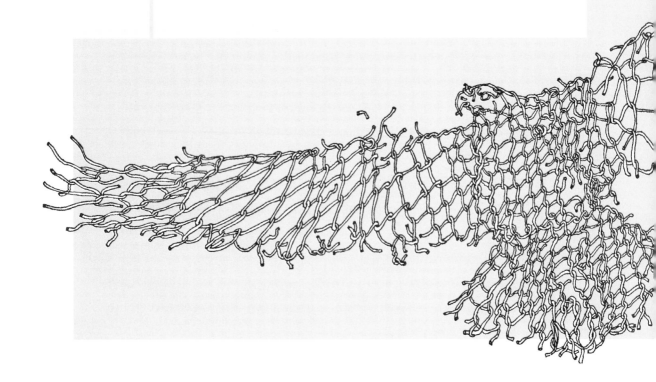

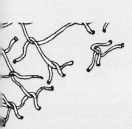

藍善仁（1923～　）

拍攝時間：約1960年
拍攝地點：高雄

當時狀況：
任中校時留影。

海軍參謀大學畢業，服務軍職三十餘年，海軍上校退役，歷任官校教官、高中高職教師、軍中文宣主任等職。曾獲海軍新文藝金錨獎、國軍新文藝金像獎、青溪新文藝金環獎、高雄市新詩首獎。著有《莽原》、《刀活》、《白髮情歌》、《萬福大同》等。

黃文範（1925～　）

拍攝時間：1952年8月
拍攝地點：美國德州布里斯堡美國防空學校

當時狀況：
在美國德州布里斯堡（Fort Bliss. Texas）美國防空學校入學時留影，時任上尉。（右為黃文範，左為張金藻上尉）

曾任《中央日報》主編、副刊組副組長、太平洋文化基金會主任祕書等。創作包含散文、論著，1952年起專治翻譯，所譯文學、歷史與傳記近80冊，共2100萬字以上。

鄭煥生（1925～）

拍攝時間：1942年
拍攝地點：宜蘭農校（今宜蘭大學）

當時狀況：
就讀宜蘭農校四年級。

筆名鄭煥。日治時期台北州立宜蘭農校畢業，為《現代畜殖》與《養魚世界》雜誌創刊人。曾獲皇冠最佳小說獎、中央月刊小說獎、文壇小說獎、自由青年小說獎等。著有《長崗嶺的怪石》、《毒蛇坑的繼承者》、《鄭煥集》、《土牛溝傳奇》等。

潘長發（1927～）

拍攝時間：1963年3月
拍攝地點：日本沖繩美軍基地軍官宿舍

當時狀況：
時任陸軍少校，在陸軍官校當教官，考上美國在沖繩的軍事學校，前去受訓，於日本沖繩美軍基地軍官宿舍與女僕們合影。當時沖繩是由聯合國託管，由美軍統治直到1985年才交還給日本。（右一為潘長發）

17歲時參加青年軍遠赴緬甸，抗戰勝利後，在台灣考入師範大學，畢業後曾擔任中學教師。著有《抗戰勝利台灣光復七十周年紀念專輯》。

向　明（1928～）

拍攝時間：1944年4月
拍攝地點：湖南長沙

當時狀況：
抗戰時就讀湖南私立廣雅
中學，初一時放春假回鄉
同學聚會。（前左一為向
明）

本名董平。曾任《藍星》詩刊主編、《台灣詩學季刊》社長、年度詩選主編等。曾獲中
山文藝獎、國家文藝獎、中國當代詩魂金獎等。著有《雨天書》、《水的回想》、《向
明截句：四行倉庫》、《新詩50問》、《我為詩狂》等二十餘冊，作品選入各大選集，
譯成英、法、德、比、日、韓文等。

吳東權（1928～）

拍攝時間：1967年
拍攝地點：中國電影製片廠

當時狀況：
中國電影製片廠編導課長任內，職階上校。

香港遠東學院文史研究所畢業。曾任記者、
主編及電影、電視公司經理、總經理，執教
於文化、世新、政戰等校二十餘年。曾獲國
軍新文藝金像獎、文協文藝獎章、中山文藝
獎等。編寫多部電影、電視、廣播劇本，著
有《九十九墩》、《人性百善》、《人言平
話》、《行前準備：銀髮族畢業手冊》等
五十餘冊。

邱七七（1928～）

拍攝時間：1984年7月7日
拍攝地點：台北新公園

當時狀況：
成立於1983年教師節的文友合唱團，在1984年七七抗戰紀念日首次演出。團員演唱時穿著深藍陰丹士林旗袍，演唱以抗戰歌曲為主，兼及各地民謠。（左起邱七七、荻宜、徐令儀）

南京金陵女子文理學院國文系肄業。曾任空軍岡山子弟學校校長、中學教師，並曾主編《台灣日報・婦女周刊》。曾獲中山文藝獎、中國婦女寫作協會文壇工作貢獻獎。著有《火腿繩子》、《車行日本三千里》、《留住春天》、《無限好啊！》等。

杜奇榮（1929～）

拍攝時間：1952年
拍攝地點：台北

當時狀況：
赴美國特戰學校受訓前留影。

軍官外語學校畢業，曾赴美國特戰學校受訓，回國後曾任音樂官、新聞官、編譯官、電視影片譯員等職，1970年起任國中教師，現已退休。著有《美國履痕》。

汪淵澤（1929～ ）

拍攝時間：1958年7月
拍攝地點：金門

當時狀況：
從台北兵工學校專修班畢業後，被分發到金
門金西戰區五十八師一一五團部任少尉彈藥
官，就住在「湖南高地」地下碉堡中辦公作
業；此照為特別到照相館拍照留念。

台北兵工學校專修班畢業。曾自辦《郵通月
刊》。著有《我的集郵座右銘》、《郵學新
論》、《郵藝新論》等。

柴 扉（1929～ ）

拍攝時間：1953年
拍攝地點：高雄鳳山陸軍官校

當時狀況：
就讀鳳山陸軍官校正期二十四期步兵科。

本名柴世彝。陸軍官校畢業，曾任國小及國
中教師。曾獲青溪新文藝金環獎等。著有
《寸草春暉》、《靈感與寫作》、《蘭花盛
開時》、《再來的春天》等。

張植珊（1929～）

拍攝時間：1956年
拍攝地點：台中車籠埔

當時狀況：
台灣師範大學教育系畢業後服兵役，為預備
軍官第五期訓練入伍生。

韓國東亞大學名譽教育博士，曾任教於台北
師範學院、台灣師範大學、台灣教育學院、
菲律賓馬尼拉中正學院等校，並曾任文建會
副主委、僑務委員會副委員長等職。曾獲文
協榮譽文藝獎章。著有《白沙憶往》、《旅
菲歲月》、《南遊記趣》等。

張慧元（1929～）

拍攝時間：1954年12月
拍攝地點：政工幹校

政工幹校入伍生。（前左一
為張慧元）

美國密蘇里大學新聞學院新聞系碩士，曾任教於文化大學、世新傳播學院、政治作戰學
校，並曾擔任政治作戰學校外研所主任、國防部軍事發言人等職。著有《若如隨筆》、
《在美國寫社論的故事》等。

管　管（1929～）

拍攝時間：約1954年
拍攝地點：台北武昌街明星咖啡館

當時狀況：
任職左營軍中電台，時為少校，得空便會到台北武昌街明星咖啡館騎樓找周夢蝶聊天。（左為管管，右為周夢蝶）

本名管運龍。曾任軍中電台記者、《創世紀》社長，跨足繪畫、裝置藝術等，演過電影、電視、舞台劇。曾獲中國現代詩獎等。著有《荒蕪之臉》、《腦袋開花》、《請坐月亮請坐》、《春天坐著花轎來》等，詩作選入各詩選集多次。

鄧鎮湘（1929～）

拍攝時間：1962年
拍攝地點：美國北卡州

當時狀況：
於美國特種戰爭學校就讀時課餘觀棋，時為上尉軍官。（後右一為鄧鎮湘）

政戰學校音樂系畢業，曾在華視擔任音樂組副組長、節目部編審、節目製作人、訓練中心主任等職。寫過上百首歌曲，包括〈北海小英雄〉、〈小天使〉、〈小甜甜〉、〈藍色小精靈〉、〈魯賓遜漂流記〉等卡通主題曲，以及軍歌〈勇士進行曲〉等。

丁文智（1930～）

拍攝時間：1949年
拍攝地點：山東青島

當時狀況：
就讀山東省立青島臨時師範學校。

山東省立青島臨時師範學校畢業，曾擔任
空勤機工長。早年參加紀弦發起的「現代
派」，曾任《創世紀》社長。曾獲國軍新文
藝金像獎、文協文藝獎章。著有《葉子與茶
如是說》、《能停一停嗎，我說時間》、
《小南河的嗚咽》、《一盆小小的月季》
等。

任　真（1930～）

拍攝時間：1955年1月3日
拍攝地點：台中成功嶺

當時狀況：
在成功嶺醫務所當主任，
時為中尉，與同袍合影。
（前右一為任真）

本名侯人俊。國防醫學院軍醫正規班畢業，曾任軍醫、連長、參謀、祕書。曾獲國軍
新文藝金像獎、文復會小說金筆獎。著有《雲山蒼蒼》、《一燈熒熒下》、《高山寒
梅》、《蕉鄉春融》、《農家往事》等。

李 行（1930～）

拍攝時間：1952年10月
拍攝地點：高雄鳳山
　　　　　陸軍官校

當時狀況：
省立師範學院畢業後服兵
役，在高雄鳳山陸軍官校
受第一期陸軍預備軍官訓
練，與二哥李子堅同時受
訓。（左為李行）

本名李子達。省立師範學院（今台灣師範大學）畢業，曾執導《王哥柳哥遊台灣》、《蚵女》、《婉君表妹》、《秋決》、《汪洋中的一條船》、《小城故事》、《原鄉人》等五十多部電影，獲得過三次金馬獎最佳導演獎，七部作品獲最佳劇情片獎，獲頒金馬獎終身成就獎。

張騰蛟（1930～）

拍攝時間：1949年12月
拍攝地點：苗栗頭份珊珠湖村

當時狀況：
任陸軍少尉排長。

筆名魯蛟。曾任行政院新聞局主任祕書等職，參與「現代派」，並與友人創辦《桂冠》詩刊。著有《海外詩抄》、《舞蹈》、《溪頭的竹子》、《鄉景》、《書註》、《菩薩船上》等二十餘冊，散文多篇先後被選入兩岸三地十多種版本的國文教科書。

曹介直（1930～）

拍攝時間：1960年
拍攝地點：鶯歌特種部隊營區

當時狀況：
披掛齊全，等待登機跳傘的中尉軍官。

三軍大學陸軍學院畢業，曾任台灣大學工學院軍訓主任教官，曾加入「藍星詩社」。曾獲文協文藝獎章。著有《第五季》。

麥　穗（1930～）

拍攝時間：1967年10月
拍攝地點：台北烏來

當時狀況：
任烏來觀光台車站站長，在台車站留影。

本名楊華康。曾任台灣省林務局烏來台車站長、《林友月刊》、《詩歌藝術》主編等。曾獲詩運獎、中興文藝獎章、中國詩歌協會詩歌創作獎章等。著有《詩空的雲煙》、《森林》、《荷池向晚》、《追夢》、《十里洋場大世界》等。

湯為伯（1930～）

拍攝時間：1965年4月8日
拍攝地點：政工幹校

當時狀況：
時任政戰中尉，參加國防部舉辦的第一屆國軍文藝大會，散會後數位陸軍作家共同拍照留念。（右起湯為伯、金劍、張騰蛟、司馬中原、黃河）

政治作戰學校高級班結業，曾任康樂官、宣傳官兼軍事記者，退伍後曾擔任出版社編輯。著有《種瓜得瓜》、《故鄉的五月》、《拾來木槿花》、《博君一粲》、《老湯文粹》等二十餘冊。

席裕珍（1931～）

拍攝時間：1945年
拍攝地點：上海霞飛路明德女中

當時狀況：
初中畢業照，藍布制服加校徽。

淡江大學中文系肄業。早年服務於台灣火柴公司，任職祕書十餘年。著有《那一條路上》、《永不凋謝的愛》、《窗外千堆浪》、《懷中星沙》、《一場不凡的演出》。

張　默（1931～）

拍攝時間：1948年6月
拍攝地點：南京

當時狀況：
南京成美中學畢業照。

本名張德中。「創世紀」詩社創辦人之一並曾任總編輯，從事詩評及新詩史料的蒐輯、整理與研究，編輯各種詩選、大系。曾獲金鼎獎、中山文藝獎、五四獎文學編輯獎等。著有《台灣現代詩概觀》、《紫的邊陲》、《張默小詩帖》、《台灣現代詩手抄本》等二十餘冊。

葛治平（1931～）

拍攝時間：1957年9月18日
拍攝地點：政工幹校

當時狀況：
就讀政工幹校第七期政治科。

政工幹校畢業，曾任軍職，退役後曾服務於高雄市教育局。

吳　璵（1932～）

拍攝時間：1951年
拍攝地點：建國中學

當時狀況：
就讀建國中學高三。

台灣師範大學國文系碩士，曾任台灣師範大學國文系教授、成功大學中文系教授兼系主任。著有《新譯尚書讀本》、《甲骨學導論》、《打破沙鍋問到底》等。

周廷奎（1932～）

拍攝時間：1949年
拍攝地點：澎湖馬公

當時狀況：
由大陸隨山東流亡中學來台，隨後即被編兵至幹訓班，此為與未編兵之小同學留影。（右為周廷奎）

筆名路衛。屏東師範學院語文系畢業，曾任國小教師。曾和友人創辦《路》文藝，參與發起成立布穀鳥兒童詩學社。曾獲高雄市兒童文學創作獎。著有《履韻》、《訴說的雲山》、《春天來到萬年溪》等。

在空軍第八大隊34中隊
偵察巡邏任務出征前

徐斌揚（1932～）

拍攝時間：1950年代
拍攝地點：新竹空軍基地

當時狀況：
在空軍第八大隊34中隊偵察巡邏任務出征前，時任少尉。

空軍參謀大學畢業，曾任空軍聯隊主任、《旅館雜誌》社長、台視企畫組副組長等。曾獲國軍新文藝金像獎、金鐘獎、教育部社會教育獎章等。著有《徐斌揚短篇小説集》、《唐太宗李世民》、《烏龍行大運》等。

郭　兀（1932～）

拍攝時間：1967年7月
拍攝地點：屏東墾丁

當時狀況：
從軍於馬祖東引島的反共救國軍，時為少尉，與李舫熱戀中。

本名郭光仁。政工幹校政治科畢業，曾任《東引日報》編輯、金門廣播電台編撰官、國中教師。著有《鄉愁》、《又聞潮聲》、《山窩裡的人》、《説謊的母親》等。

黃慶萱（1932～）

拍攝時間：1972年
拍攝地點：台灣師範大學

當時狀況：
台灣師範大學國文系博士班畢業。

台灣師範大學國文系博士，曾任台灣師範大學國文系教授、香港浸會大學、香港中文大學客座高級講師、韓國外語大學中國語文所客座教授等。著有《修辭學》、《中國文學鑑賞舉隅》、《學林尋幽》、《與君細論文》等。

王漢金（1933～）

拍攝時間：1976年12月
拍攝地點：台北

當時狀況：
任陸軍總部兵工署少校首席參謀督導官。此為油畫像翻照。

筆名王碧川。曾任職業軍人，並為中國文藝工作者協會會長、中華藝術學會理事長等。曾獲桃園縣文藝貢獻獎、海峽兩岸文化交流最高貢獻獎。著有《喜臨門》、《慈母淚》、《情繫我心》等。

何耀宗（1933～）

拍攝時間：1955年3月
拍攝地點：新竹關東橋

當時狀況：
任陸軍預備士官補充兵受訓時，與同袍合影。（坐者左為何耀宗）

台灣師範大學藝術系畢業，曾在大專院校美術、廣告科系兼課，在日商公司擔任美術設計及廣告企畫等。多次舉辦個展，作品曾入選全省美展、台陽美展等。著有《平面廣告設計》、《色彩基礎》等專業書籍。

周伯乃（1933～）

拍攝時間：1951年8月
拍攝地點：桃園大湳

當時狀況：
從浙江舟山群島乘軍艦隨軍來台，在桃園大湳照相館照的第一張照片，當時17歲，軍職一等兵，在陸軍六十七軍服役。

筆名帆影。空軍通信電子學校機務科畢業，曾任《中央日報》副刊編輯、《世界論壇報》副社長兼副刊主編等。曾獲文協文藝獎章、國軍新文藝金像獎、教育部詩教獎等。著有《孤寂的一代》、《現代詩的欣賞》、《只是因為寂寞》、《仰望蒼穹》、《幾度寒林孤路》等二十餘冊。

傅林統（1933～）

拍攝時間：1955年
拍攝地點：新竹關東橋

當時狀況：
參加補充兵第五期政治戰士講習班。

新竹師範學院語教系畢業，擔任國小教師、
主任、校長46年。曾獲中國語文獎章、教
育部少年小說創作獎、洪建全兒童文學創作
獎、金鼎獎等。著有《傅林統童話》、《偵
探班出擊》、《神風機場》、《兒童文學
的思想與技巧》、《兒童文學風向儀》、
《變！變！變！動物國》等數十冊。

楊允達（1933～）

拍攝時間：1952年
拍攝地點：成功中學

當時狀況：
就讀成功中學高三時在朝會報
告暑期於軍中服務的經過。

法國巴黎大學文學博士，曾任美聯社駐台北特派員、中央通訊社駐外特派員、外文部主
任、世界詩人大會祕書長等。曾獲文協榮譽文藝獎章、中國新詩學會詩教獎等。著有
《李金髮評傳》、《一罈酒》、《三重奏》、《衣索比亞風情畫》、《巴黎夢華錄》
等，詩作譯成英、法、日、西班牙文等。

藍　雲（1933～）

拍攝時間：1948年
拍攝地點：湖北武漢

當時狀況：
就讀湖北省立武昌實驗中學初三時與同學合影。（中為藍雲）

本名劉炳彝。省立花蓮師範專科學校畢業，曾任中小學教師、《葡萄園》詩刊總編輯、《乾坤》詩刊創辦人兼總編輯。曾獲中興文藝獎章、詩教獎、詩歌編輯獎、文藝工作獎。著有《萌芽集》、《海韻》、《奇蹟》、《隨興詩鈔》等。

朱學恕（1934～）

拍攝時間：1968年
拍攝地點：高雄左營

當時狀況：
任水雷四十二戰隊隊長，時為上校。（右為朱學恕）

三軍大學戰爭學院正規將官班、政治大學、海洋學院畢業。曾任海軍上校艦長、高雄海洋科技大學電訊系主任等，創辦《大海洋》詩刊並任主編。曾獲國軍新文藝金像獎、海軍新文藝金錨獎等。著有《三葉螺線》、《飲浪的人》、《給海》、《舵手》、《開拓海洋詩新境界》等。

梁秀中（1934～）

拍攝時間：1959年
拍攝地點：台灣省立師範大學藝術系

當時狀況：
畢業於台灣省立師範大學藝術系。

台灣省立師範大學藝術系畢業，曾任台灣師範大學藝術學院院長、美術系教授、主任、所長等。曾獲全省美展國畫首獎、金爵獎、文協榮譽文藝獎章等。多次參加全國美展、省展等，畫作入藏國內各大博物館及國內收藏家。

林宗源（1935～）

拍攝時間：1945年
拍攝地點：台南協進國小老師宿舍前

當時狀況：
就讀於台南協進國小五年級。

台南二中高中部畢業。曾任現代詩社社長、台語文推展協會會長，與黃勁連等人創立「蕃薯詩社」。曾獲吳濁流文學獎、榮後台灣詩獎、鹽分地帶文藝營台灣文學貢獻獎。著有《力的建築》、《補破網》、《濁水溪》、《林宗源台語詩選》、《無禁忌的激情》、《府城詩篇》等。

趙淑敏（1935～）

拍攝時間：1995年12月8日
拍攝地點：國家音樂廳

當時狀況：
文友合唱團演唱會留影。
（左起夏金、邱七七、翁景芳、趙淑敏）

台灣師範大學歷史系畢業，曾任東吳大學教授，政治、輔仁、實踐大學兼任教授。曾獲中興文藝獎章、文協文藝獎章、國家文藝獎等。著有《乘著歌聲的翅膀》、《蕭邦旅社》、《在紐約的角落》、《歸根》、《離人心上秋》、《松花江的浪》等二十餘冊。

李殿魁（1936～）

拍攝時間：1971年12月
拍攝地點：台北

當時狀況：
獲國家文學博士。

國家文學博士，曾任教育部國語推行委員會《重編國語辭典》總編輯，現任台北藝術大學傳研所兼任教授。著有《戲曲音樂論集》、《雙漸蘇卿故事考》、《露華凝香——徐露京劇藝術生命紀實》、《無丑不成戲——傳統戲劇中的丑角》等。

葉蒼秀（1936～）

拍攝時間：1980年6月
拍攝地點：台中西屯

當時狀況：
就讀僑光技術學院夜間部。

僑光技術學院企管科畢業，曾任《中華日報》記者，從事新聞工作五十餘年。著有《山城風雲五十年》、《苗栗新聞憶往》、《七十回首》。

李魁賢（1937～）

拍攝時間：1951年
拍攝地點：台北淡水初級中學

當時狀況：
就讀淡水初級中學（今淡水國民中學）一年級加入童子軍。

台北工專（今台北科技大學）化工科畢業，曾任台肥化學工程師、國家文化藝術基金會董事長等。曾獲國家文藝獎、吳濁流新詩獎、巫永福評論獎、賴和文學獎、行政院文化獎、吳三連獎等。著有《詩的見證》、《詩的挑戰》、《靈骨塔及其他》、《枇杷樹》、《李魁賢文集》、《兩弦 Two Strings：漢英雙語詩集》等數十冊。

陳文榮（1937～）

拍攝時間：1966年冬天
拍攝地點：台南麻豆

當時狀況：
服預官役，與妻於麻豆自宅合影。

台灣師範大學國文系畢業，任教於中小學35年，並曾任光啟高中副校長。曾獲觀光局觀光文藝獎。著有《寶島風情畫》、《山居隨筆》、《田園之歌》、《團圓》、《古早味》等。

隱　地（1937～）

拍攝時間：1957年
拍攝地點：台北北投

當時狀況：
就讀育英高中一年級。

本名柯青華。政工幹校新聞系畢業，曾任《純文學》助理編輯、《書評書目》總編輯等。創辦爾雅出版社和「年度小説選」、「年度詩選」、「年度批評選」。曾獲金鼎獎圖書類特別貢獻獎、年度詩獎、聯合報讀書人最佳書獎、九歌年度散文獎等。著有《人啊人》、《漲潮日》、「年代五書」等五十餘冊。

左秀靈（1938～）

拍攝時間：約1959年
拍攝地點：桃園大溪

當時狀況：
就讀中正理工學院測繪工程學系四
年級時，操作月掩星觀測儀（大地
定位之用）。

國防大學理工學院地形測量學系畢
業，曾執教於國防語文學校、三軍
大學，曾任實踐大學出版部主任、
中央文物供應社、建宏出版社、五
洲出版社總編輯。著有《實用成語
辭典》、《錯別字辨正》、《當代
日華辭典》、《日文口語文法》等
五十餘種以上。

岩　上（1938～）

拍攝時間：1957年6月
拍攝地點：台中

當時狀況：
就讀省立台中師範學校二年級。

本名嚴振興。逢甲大學財稅系畢業，曾任中
小學教師、《笠》詩刊主編，與友人創辦
「詩脈詩社」。曾獲吳濁流文學獎、南投縣
文學貢獻獎等。著有《更換的年代》、《岩
上八行詩》、《詩的存在》、《詩的特性》
等二十餘冊，作品選入國內外詩選數十種，
譯成英、日、韓、德、印、蒙文等。

桑品載（1938～）

拍攝時間：1960年
拍攝地點：澎湖馬公

當時狀況：
任職於陸軍反共救國軍，為少尉指導員。

政工幹校政治科畢業，曾任《東引日報》總
編輯、《青年戰士報》記者、《中國時報·
人間副刊》主編、《台灣時報》、《民眾日
報》副總編輯等。曾獲國軍新文藝報導文學
獎、社會優秀青年獎。著有《流浪漢》、
《白銀十萬兩》、《寒星》、《勇士們》、
《岸與岸》、《小孩老人一張面孔》等。

郭心雲（1938～）

拍攝時間：1988年
拍攝地點：陽明山中山樓

當時狀況：
參加革命實踐研究院文藝寫作
班。（右起李玉屏、郭心雲、
姜穆、鄺台英）

本名謝雲娥。國防部聯勤測量學校訓練班結業，曾任繪圖員、幼教老師、郵政人員。
曾獲青年日報文學獎、省新聞處徵文獎、國軍新文藝金像獎等。著有《心中亮著一盞
燈》、《萍蓬草集》、《草地女孩》、《跳躍的音符》、《金蘋果惹的禍》等。

陳若曦（1938～）

拍攝時間：1954年
拍攝地點：北一女中

當時狀況：
就讀北一女高一。

本名陳秀美。美國約翰霍普金斯大學文學碩士，曾任加州大學柏克萊分校中文中心主任，創組「海外華文女作家協會」並任首任會長。曾獲國家文藝獎、吳三連文學獎、吳濁流文學獎等。著有《尹縣長》、《紙婚》、《文革雜憶》、《堅持‧無悔》等三十餘冊。

謝里法（1938～）

拍攝時間：1954年
拍攝地點：基隆中學

當時狀況：
就讀省立基隆中學初三。

本名謝理發。台灣師範大學藝術系畢業，後曾赴法、美學習雕刻、版畫等，創作以版畫為主，曾在許多國際版畫雙年展展出。曾獲巫永福文學評論獎、台灣文藝社文學評論獎等。著有《日據時代台灣美術運動史》、《紫色大稻埕》、《變色的年代》、《原色大稻埕：謝里法說自己》等。

鍾吉雄（1938～）

拍攝時間：1955年
拍攝地點：屏東師範學校

當時狀況：
17歲就讀省立屏東師範學校普通科二年級。

台灣師範大學國文系畢業，曾任中小學教師、屏東師範學院語教系教授兼總務長等。曾獲教育部青年學術著作獎。著有《呂氏春秋的政治思想》、《在風雨中成長》、《槐廬天地寬》、《呂氏春秋的故事》等。

李　舫（1939～）

拍攝時間：約1984年
拍攝地點：新竹東園國小

當時狀況：
擔任新竹市東園國小幼女童軍團長，參與社區活動。（右為李舫）

本名李啟華。省立新竹師範專科學校畢業，歷任東園國小、內湖國小、雙溪國小教師。著有《到山裡邊去》、《殘燭》、《黑色的黃昏》、《冰釋了的》等。

林錫嘉（1939～）

拍攝時間：1958年
拍攝地點：嘉義高工校園

當時狀況：
就讀省立嘉義高工化工科三年級。
（前右一為林錫嘉）

台北工專（今台北科技大學）機械
科畢業，曾任台肥公司工程師、
《台肥月刊》總編輯等。曾獲全國
優秀青年詩人獎、青溪文藝獎、文
協文藝獎章等。著有《竹頭集》、
《屬於山的日子》、《濃濃的鄉
情》、《檸檬綠大錦蛇》、《耕雲
的手》等。

莊萬壽（1939～）

拍攝時間：1954年
拍攝地點：台北大同中學

當時狀況：
就讀台北大同中學初中三年級。

台灣師範大學國文系碩士，曾擔任台灣教授
協會會長、台灣師範大學國文系教授等，並
創立台師大台灣語文研究所、長榮大學台灣
研究所。曾至日本京都、東京大學、韓國啟
明大學研究講學。現為長榮大學名譽講座教
授。著有《莊子學述》、《台灣論》、《中
國論》、《台灣文化論》等。

黃麗貞（1939～）

拍攝時間：1984年10月
拍攝地點：台北

當時狀況：
在革命實踐研究院革命實踐研究班第13期
受訓。

台灣師範大學國文系畢業，歷任台灣師範大
學助理教授、講師、副教授、教授，韓國
啟明大學中文系客座教授等。著有《李漁
研究》、《詞壇偉傑李清照》、《中國文學
概論》、《歲月的眼睛》、《幸福的女人》
等。

雷　驤（1939～）

拍攝時間：1958年
拍攝地點：台北師範學校

當時狀況：
就讀台北師範學校二年級，
三學友合影。紅砂土的跑道
邊上，校運會的一刻，七等
生參加五千公尺長跑賽，可
惜未到終場。真正的運動健
將是簡滄榕。（左起雷驤、
簡滄榕、七等生）

省立台北師範學校藝術科畢業，曾任小學老師、台北藝術大學兼任教授、電視節目製作
人、紀錄片工作者。曾獲時報文學推薦獎、金鼎獎、金鐘獎、台北文學獎、台北市文化
獎等。著有《文學漂鳥》、《雷驤極短篇》、《行旅畫帖》、《捷運觀測站》、《生之
風景》、《人間自若》等三十餘冊。

歐陽子（1939～）

拍攝時間：1952年
拍攝地點：台北

當時狀況：
歐陽子三姊妹與陳若曦合影。初中時，每天一起走路上學。（後排左一為歐陽子，右一為陳若曦，初中三年級）

本名洪智惠。台灣大學外文系畢業，愛荷華大學小說創作班碩士學位。曾與白先勇、王文興、陳若曦等人共同創辦《現代文學》。著有《王謝堂前的燕子》、《移植的櫻花》、《那長頭髮的女孩》、《秋葉》等。

蘭觀生（1940～）

拍攝時間：1956年
拍攝地點：高雄大貝湖（今澄清湖）

當時狀況：
就讀省立員林實驗中學初三時，參加全國童子軍第二次大露營。

政工幹校影劇系畢業，曾任軍職、服務於中國電影製片廠、台北榮民總醫院。著有《詩說浮世百態》。

王邦雄（1941～）

拍攝時間：1958年1月
拍攝地點：雲林西螺中學

當時狀況：
就讀省立台南師範學校二年級。

國家文學博士，曾任鵝湖月刊社社長、文化大學哲學系教授、淡江大學中文系教授、中央大學中文系教授暨哲研所教授、所長，現任淡江大學中文系榮譽教授。著有《老子的哲學》、《儒道之間》、《中國哲學論集》、《緣與命》、《莊子寓言說解》、《生命的學問12講》等數十冊。

曾永義（1941～）

拍攝時間：1967年6月19日
拍攝地點：台灣大學

當時狀況：
台大中文系碩士畢業典禮。（左為曾永義，右為台大歷史系教授韓復智）

國家文學博士，現為中央研究院院士、世新大學講座教授、台灣大學名譽教授。曾獲國家文藝獎、教育部國家學術獎、中山文藝獎等。著有學術著作《明雜劇概論》、《台灣歌仔戲的發展與變遷》等二十餘冊，另有散文及戲曲劇本創作、通俗著作等。

鄭仰貴（1941～ ）

拍攝時間：1964年
拍攝地點：桃園大湳

當時狀況：
服陸軍預官役，23歲退伍前留影。

省立台中師範學校語教系、初等教育系畢業，曾任報社記者、神木、豐丘、信義、永和、廣英等國小教師、主任及校長等。曾獲中國語文獎章、全國特殊優良教師等。著有《蝴蝶結》、《迴旋梯》、《旅痕》、《給你的叮嚀》、《燕子的金笛子》等。

李重重（1942～ ）

拍攝時間：1963年5月25日
拍攝地點：政工幹校

當時狀況：
政工幹校藝術系二年級素描考試。

政工幹校藝術系畢業。出身書畫世家，創作以水墨為主，曾於歐洲、美國、中國、日本、韓國展出。曾獲文協文藝獎章、國立歷史博物館金質獎章。畫作獲國內外美術館與私人收藏。

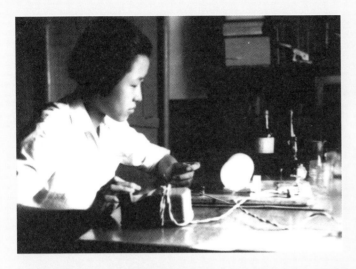

楊小雲（1942～）

拍攝時間：1958年
拍攝地點：台北女師

當時狀況：
就讀泰北高中二年級時擔任班長，被老師派去代表參加當時第一屆高中科學展覽。

本名鄭玉岫。實踐大學家政系畢業。曾任耕莘文教院教師、《今日生活》主編，現專事寫作。曾獲中興文藝獎章、文協文藝獎章、中山文藝獎。著有《我十八歲》、《水手之妻》、《有你同行》、《擁抱幸福其實很簡單》、《快樂是心靈在跳舞》、《豆豆的世界》等五十餘冊。

吳宏一（1943～）

拍攝時間：1957年底
拍攝地點：高雄楠梓

當時狀況：
就讀省立高雄中學初二時童軍照。

國家文學博士，曾任台灣大學中文系教授、中央研究院文哲所籌備處主任、香港中文大學中文系講座教授等。曾獲國科會傑出研究獎、國家文藝獎等。著有《微波集》、《合唱》、《清代詞學四論》、《詩經與楚辭》、《論語新繹》、《老子新繹》等三十餘冊。作品選入台灣、韓國、馬來西亞等地語文教科書。

陳正治（1943～ ）

拍攝時間：1959年
拍攝地點：新竹

當時狀況：
就讀省立新竹師範學校二年級。

台灣師範大學國文所畢業。曾任台北市立大
學中語系教授兼系主任、所長，政大、文大
中文系兼任教授。曾獲國科會甲等學術著作
獎、好書大家讀年度最佳少年兒童讀物獎
等。著有《有趣的中國文字》、《全方位作
文技巧》、《童話寫作研究》、《兒歌理論
與賞析》、《詩的祕密》等三十餘冊。

曾昭旭（1943～ ）

拍攝時間：1960年10月
拍攝地點：建國中學訓育組
　　　　　辦公室

當時狀況：
高三任《建中青年》主編。

台灣師範大學國文系博士，曾任高雄師範學院國文所所長、中央大學中文系主任、淡江
大學中文系教授、華梵大學中文系特聘教授等。著有《老子的生命智慧》、《試開天眼
看人生》、《解情書》、《讓孔子教我們愛》、《我的美感體驗》、《在無何有之鄉遇
見莊子》等四十餘冊。

馮菊枝（1943～）

拍攝時間：1962年3月
拍攝地點：新竹師範學校

當時狀況：
省立新竹師範學校美勞組選修
班三年級畢業照。（前右六為
馮菊枝）

省立新竹師範學校美勞科畢業。曾任教於新竹市建功國小，執教25年。曾獲聯合報小說獎、時報文學獎、中央日報文學獎、國家文藝獎等。著有《情深幾許》、《快樂走天下》、《旅鳥之歌》、《流淚的雲》、《水色的季節》、《風城童話》等。

六　月（1944～）

拍攝時間：1963年
拍攝地點：高雄旗山中學

當時狀況：
高二中時師生合照，懷念那穿
著白衣黑裙的歲月。（後左三
為六月）

本名劉菊英。文化大學新聞系畢業，曾任職報業廣告主任、發行經理等。曾獲省政府新聞處優良作品、鳳邑文學獎、蕭乾源文化獎。著有《惜情》、《懷念的季節》、《天色漸漸光》、《蕉城相思雨》等。

吳敏顯（1944～）

拍攝時間：1961年
拍攝地點：宜蘭南方澳

當時狀況：
17歲時就讀宜蘭縣立羅東中
學（今羅東高中）高二，與同
學到南方澳。

政治作戰學校藝術系畢業，曾任國中教師、《聯合報》副刊編輯及萬象版主編、《九彎
十八拐》文學雙月刊編輯等。曾獲文協文藝獎章。著有《三角潭的水鬼》、《坐罐仔的
人》、《山海都到面前來》、《腳踏車與糖煮魚》等。

陳　填（1944～）

拍攝時間：1966、67年
拍攝地點：台南

當時狀況：
服役於台南空軍第五聯隊，時
為少尉，並曾當選空軍楷模。
（右二為陳填）

本名陳武雄。美國伊利諾大學博士，長期服務農業機關，歷任省農林廳長、農委會副主
委、主委、行政院顧問等職。著有《陳填詩集》、《乘風而來隨浪而去》。

落 蒂（1944～）

拍攝時間：1961年10月
拍攝地點：台南師範學校

當時狀況：
就讀省立台南師範學校普通科一年級。（左為落蒂）

本名楊顯榮。台灣師範大學英語所結業，曾任教於民雄高中、北港高中。曾獲新詩學會優秀詩人獎、詩教獎、文協文藝獎章等。著有《煙雲》、《春之彌陀寺》、《詩的播種者》、《愛之夢》、《追火車的甘蔗囝仔》等。

徐 瑜（1945～）

拍攝時間：1968年
拍攝地點：屏東潮州

當時狀況：
服預官兵役，陸軍三十二師通信營少尉通信官。

政治作戰學校政治所碩士，曾任《政治評論》社社長、《青年日報》副刊主編及主筆，並曾任教於淡江大學、政治作戰學校中文系及國防大學通識教育中心。著有《寫作的技術》、《中共文藝政策析論》、《梁溪隨筆》、《兵學的智慧》等。

澍　文（1945～）

拍攝時間：1959年
拍攝地點：台北烏來

當時狀況：
基隆女中初中部到烏來旅遊，
二年仁班同學與訓導主任湯凌
雪老師合影。（蹲者左三為澍
文）

本名唐美惠。政治大學中文系畢業，台灣師範大學碩士學分班結業，曾任國中教師。著
有《駱駝的腳步》。

王建生（1946～）

拍攝時間：1970年12月
拍攝地點：澎湖馬公照相館

當時狀況：
服役預備軍官海軍少尉。

東海大學中文系碩士，曾任東海大學中文系
教授兼系主任、所長、考試院典試委員、
《東海文藝》季刊總編輯。曾獲省新聞處優
良刊物主編獎、國科會甲種研究獎助、文復
會中正文化獎。著有《鄭板橋研究》、《袁
枚的文學批評》、《簡明中國詩歌史》、
《建生詩稿》、《山濤集》等。

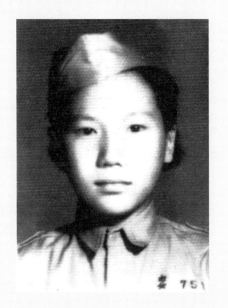

陶曉清（1946～）

拍攝時間：1958年
拍攝地點：台北

當時狀況：
這是我十二歲那年剛進初中時，學校的軍訓制服是要帶船形帽的。就在這一年，小學畢業時，我父親在畢業典禮之後，走過來握住我的手跟我説：「恭喜你小學畢業，這是你第一階段教育的結束，馬上會是中學階段的開始。」雖然我沒有考上大家心目中第一或第二志願的北一女和北二女，而是第三志願的市女中，不過我感激父親把我當大人一樣的對待，開開心心地展開我的初中生涯。

1965年進入中廣，主持音樂節目，引領1970年代民歌運動，被喻為「民歌之母」，並參與成立「中華音樂人交流協會」、擔任理事長。現為帶領成長團體的諮商師。曾獲金曲獎特殊貢獻獎、廣播金鐘獎特別貢獻獎。著有《生命的河流》、《寫給追求成長的你》、《讓真愛照亮每一天》等。

楊文雄（1946～）

拍攝時間：1961年10月
拍攝地點：彰化溪湖糖廠小公園

當時狀況：
直升省立員林中學高一，與父親楊枋合影。
（左為楊文雄）

成功大學中文系畢業，曾任再興中學教師、成功大學中文系教授。大學求學期間參與刊物編輯，如《成大青年》、《成功思潮》等，也寫作散文、現代詩。曾獲中興文藝獎章。著有《李賀詩研究》、《詩佛王維研究》、《李白詩歌接受史研究》。

李啟端（1947～　）

拍攝時間：約1970年
拍攝地點：不詳

當時狀況：
考取軍中文化宣導團體「國軍文化服務團」，
受訓兩個月後環島巡迴服務，在某校做專題
演講。

新竹省立女中畢業。曾任軍中廣播電台播音
員、正修出版社及全國兒童雜誌社主編。曾
獲中央電影公司徵文首獎。著有《千山萬水
行》、《納米比亞，南部非洲奇境》、《蠻
荒，我獨行》、《另一扇窗》、《六十個黃
昏》等。

康　原（1947～　）

拍攝時間：1964年3月
拍攝地點：彰化秀水

當時狀況：
就讀彰化秀水農業學校（今秀水高工）高一。

本名康丁源。空中大學人文學系畢業，曾任
彰化師範大學附屬高工教師、賴和紀念館館
長等。曾獲磺溪文學獎特別貢獻獎、吳濁流
文學獎、金鼎獎等。著有《懷念老台灣》、
《台灣囝仔歌的故事》、《八卦山下的詩人
林亨泰》、《囝仔歌教唱讀本》、《番薯園
的日頭光》、《滾動的移工詩情》等八十餘
冊。

莊伯和（1947～）

拍攝時間：1965年
拍攝地點：台中后里馬場

當時狀況：
考上大學，到成功嶺參加入伍
訓練。

文化大學藝術所碩士，曾任日本京都大學人文科學研究所研修員、彰化銀行副處長、中華民俗藝術基金會副董事長、公共電視董事等。曾獲中興文藝獎章。著有《佛像之美》、《民間美術巡禮》、《永遠的童顏》、《民俗美術探訪錄》、《台灣民藝造型》、《廁所曼陀羅》等。

許　思（1947～）

拍攝時間：1966年
拍攝地點：屏東潮州

當時狀況：
就讀省立潮州高中三年級。

本名許順進。中國文化學院中文系畢業，曾任職於屏東縣潮州國中。曾獲教育部文藝創作獎、國軍文藝獎等。著有《台灣厚黑學》、《海伯仔e歌》、《我家住在動物園》、《曇花與女兒》、《神沒鬼出》等。

陳芳明（1947～）

拍攝時間：1970年3月
拍攝地點：新竹湖口

當時狀況：
考上台大歷史研究所後入伍服役，這是服役期間最辛苦的一次。從清泉崗移師到湖口，半夜藉由火車運輸，每一部履帶戰車都要上露天的板車，擔任預備軍官的我，也必須參與指揮。那天清晨抵達湖口車站，再繼續指揮部隊進入基地。這幀相片，是連長在我的宿舍房間為我拍攝。

輔仁大學歷史系畢業，台灣大學歷史系碩士，美國華盛頓州立大學歷史博士，現為政治大學講座教授。曾獲巫永福評論獎、台灣文學獎圖書金典獎。著有《昨夜雪深幾許》、《革命與詩》、《美與殉美》、《殖民地台灣：左翼政治運動史論》、《台灣新文學史》等三十餘冊。

蔡文章（1947～）

拍攝時間：1964年
拍攝地點：台南師範專科學校

當時狀況：
就讀省立台南師範專科學校二年級。

省立台南師範專科學校畢業，曾任小林國小、梓官國小教師，現任實踐大學應用中文系客座副教授。曾獲高雄文藝獎、鳳邑文學貢獻獎、師鐸獎等。著有《靜靜的山林》、《泥土味淡淡香》、《永遠的小林村》、《山の故鄉》、《海の故鄉》、《回鄉》等，作品選入各級學校教科書。

李瑞鄺（1948～）

拍攝時間：1968年
拍攝地點：台中高農實習農場

當時狀況：
就讀台中高農三年級。（前排中為李瑞鄺）

陸軍官校專修班經理科畢業，曾任台中商業
銀行經理。著有《門檻》。

沙　穗（1948～）

拍攝時間：1969年秋
拍攝地點：馬公機場塔台

當時狀況：
任空軍少尉航行管制官，在馬
公機場塔台值班。

本名黃志廣。空軍通信電子學
校畢業，曾任空軍軍職、法
務部高雄女子監獄政風室主任
等，曾創辦《盤古》詩刊。曾
獲《創世紀》30周年詩創作
獎、中國詩歌藝術協會創作
獎。著有《風砂》、《護城
河》、《畫眉》、《小蝶》、
《臍帶的兩端》等。

邱 傑（1948～）

拍攝時間：1969年
拍攝地點：新竹湖口

當時狀況：
於新竹湖口長安裝甲騎兵學校服義務役，背後是M41型戰車。

本名邱晞傑。曾任《聯合報》記者、組長、主編、桃園縣兒童文學協會創會理事長，現專事寫作、繪畫，舉辦多次個人畫展。曾獲金鼎獎、洪建全兒童文學獎、東方少年小說獎、教育部兒童文學獎等。著有《台灣黑白切》、《三個歌唱家》、《小壁虎歷險記》、《撿到一隻貓頭鷹》、《筆架山傳奇》等七十餘冊。

徐 瑞（1948～）

拍攝時間：約1964年
拍攝地點：台北新店

當時狀況：
就讀台北縣立文山高中二年級。

銘傳大學畢業，曾任公司市場部經理等職，1997年開始專心投入繪畫工作，作品獲美術館及私人收藏。著有《行腳與沉澱》、《都市女郎》、《女心：溫柔與野性》、《貓女的哲思》、《貓語錄》等詩畫創作集。

莊金國（1948～）

拍攝時間：1968年
拍攝地點：台南隆田

當時狀況：
服義務役初入伍時，於台南隆田陸軍第九訓練中心受訓。

曾當過農夫、書店老闆、副刊主編、《台灣時報》記者、《民眾日報》地方新聞組副主任、《新台灣》新聞周刊南部特派記者等。著有《鄉土與明天》、《石頭記》、《流轉歲月》。

莫　渝（1948～）

拍攝時間：1968年4月
拍攝地點：台中師範專科學校

當時狀況：
省立台中師範專科學校畢業。畢業照下，有截自兩首詩的詩句：我是獨來獨往的飛鳥，／握有頂帥的時空。／／是霧，就喜悅清晨的乳白，／是化羽的尼古丁，／就撇開一切，獨自矚視悲劇性的寒涼。

本名林良雅。淡江文理學院畢業，曾任出版公司文學主編、《笠》詩刊主編，現任聯合大學台灣語文與傳播學系兼任助理教授、年度詩選編選委員。曾獲全國優秀青年詩人獎、笠詩社詩翻譯獎等。著有《革命軍》、《走入春雨》、《光之穹頂》、《都耕佃農》、《台灣詩人群像》、《笠詩社演進史》等四十餘冊。

陳朝寶（1948～）

拍攝時間：1965年
拍攝地點：彰化

當時狀況：
高二時參加彰化縣文藝比賽，獲美術組冠軍，與導師、同學合影。（左起陳明哲、導師于春軒、陳朝寶）

台灣藝術專科學校美術科國畫組畢業，早年以漫畫成名，1983年旅居法國，從事繪畫藝術創作，2002年返台定居，曾任教於台灣藝術大學。曾獲金爵獎。於國內外舉辦展覽，作品廣受藏家典藏。著有《陳朝寶漫畫巴黎》、《巴黎落幕》、《陳朝寶的中國畫：水墨畫集》、《天地寬：陳朝寶山水系列作品》等。

溫小平（1948～）

拍攝時間：1967年7月
拍攝地點：金門

當時狀況：
就讀銘傳商專大一時參加金門戰鬥營，著軍服騎馬。

銘傳商專畢業，曾任《新女性》雜誌總編輯，現為佳音電台主持人。曾獲中華日報小說獎、聯合報極短篇小說獎、冰心兒童圖書獎等。著有《失去子宮的女人》、《世界變得更美麗》、《夫妻一輩子的情人》、《三胞胎教我學會愛》、《沒有城堡的公主》、《貓頭鷹說故事》等上百本。

鄭烱明（1948～）

拍攝時間：1982年
拍攝地點：高雄鳳山
　　　　　鄭烱明內兒科診所

當時狀況：
若林教授與林瑞明一同來訪。
（左起林瑞明、若林正丈、鄭
烱明）

中山醫學專科學校醫科畢業，曾任高雄大醫院內科主治醫師，現主持鄭烱明內兒科診所，並為文學台灣基金會、鍾理和文教基會董事長。參與創辦《文學界》、《文學台灣》雜誌，曾任台灣筆會理事長、笠詩社長。曾獲笠詩獎、吳濁流新詩獎、鳳邑文學獎、南瀛文學獎、高雄市文藝獎。著有詩《歸途》、《蕃薯之歌》、《三重奏》、《凝視》、《存在與凝視》等。

簡銘山（1948～）

拍攝時間：1964年
拍攝地點：南投縣立草屯初中

當時狀況：
就讀南投縣立草屯初級中學二年級時，繪製校內慶祝蔣公誕辰壁報。

空中大學人文科學系肄業，曾任教於朝陽科技大學，歷任中國書法學會理事、南投縣書法學會理事長等職。曾獲中山文藝獎、教育部文藝創作獎、全國美展、南瀛獎等。擅長書法與水墨，於國內外舉辦個展、應邀參展。

顏崑陽（1948～）

拍攝時間：1975年
拍攝地點：高雄鳳山陸軍軍官預備學校

當時狀況：
台灣師範大學國文系碩士畢業後服兵
役，為第25期預備軍官。經過基本訓
練，分科教育後，以少尉政戰官分發到
鳳山陸軍軍官預備學校擔任連輔導長，
後轉任高中課程教官。

台灣師範大學國文系博士，曾任東華大學中文系教授兼人文社會學院院長、淡江大學中
文系教授，現任輔仁大學中文系講座教授。曾獲聯合報短篇小說獎、時報散文獎、九歌
年度散文獎等。著有《反思批判與轉向》、《詮釋的多向視域》、《詩比興系論》、
《顏崑陽古典詩集》、《龍欣之死》、《窺夢人》等二十餘種。

雨　弦（1949～）

拍攝時間：1970年
拍攝地點：桃園

當時狀況：
21歲當兵時，為陸軍裝甲部隊二等兵。

本名張忠進。高雄師範大學國文系博士班研
究，曾任高雄市殯葬管理所所長、高雄廣播
電台台長、高雄市文獻委員會主委、台灣文
學館副館長等，現為高雄大學兼任講師。曾
獲高雄市文藝獎、全國優秀青年詩人獎等。
著有《夫妻樹》、《母親的手》、《機上的
一夜》、《愛情限時批》等。

陳維賢（1949～）

拍攝時間：1967年
拍攝地點：彰化北斗

當時狀況：
就讀彰化北斗中學高三時，在校園內榕樹下
與同學合照。（坐者雙手交叉者為陳維賢）

文化大學中文系畢業，歷任彰化北斗高中、
彰化高中、文華高中國文教師。曾獲中央日
報文學獎、大墩文學獎等。著有《最美的一
季春》、《這麼一個花香黃昏》、《凝望》
等。

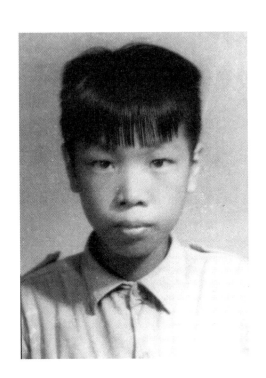

陳慶煌（1949～）

拍攝時間：1961年
拍攝地點：宜蘭頭城小學

當時狀況：
頭城小學畢業照。

政治大學中文系博士，曾任淡江大學中文系
教授，現為淡江大學中文系榮譽教授、台
北大學中文系兼任教授。著有《心月樓詩
文集》、《古典文學縱橫論》、《蒹葭樓詩
論》、《西廂記的戲曲藝術》等。

馮輝岳（1949～）

拍攝時間：1971年
拍攝地點：屏東

當時狀況：
服役於空降司令部義務役士兵。

新竹師範學院畢業。曾任國小教師兼教務主任，參與民間版國語、客語教科書編撰。曾獲吳濁流文學獎、時報文學獎、客家台灣文化獎、洪建全兒童文學獎、金鼎獎、客家貢獻獎等。著有《廳堂裡的歲月》、《小鎮印象》、《酒桶山》、《迷信的媽媽》、《石頭的笑臉》、《父親的牛屎晒穀場》等五十餘冊。

葉言都（1949～）

拍攝時間：1975年
拍攝地點：屏東東港大鵬灣

當時狀況：
台大歷史系碩士畢業後服預官役，時任空軍幼校少尉教官，主授歷史、地理。

台灣大學歷史系博士。歷任《中國時報》人間副刊編輯、美洲版副總編輯、副總經理等職，現任東吳大學歷史系兼任助理教授。曾獲時報文學獎、推理小說獎等。著有《海天龍戰》

劉 墉（1949～）

拍攝時間：1964年
拍攝地點：台北

當時狀況：
就讀成功高中一年級時獲台灣省演講比賽高中組第一名，頒獎者為當時的台灣省教育廳長潘振球。（前左二為劉墉）

美國哥倫比亞大學教師學院藝術系博士班研究。曾任水雲齋文化公司董事長、紐約聖若望大學駐校藝術家及副教授等。曾獲優秀青年詩人獎、金鼎獎等。舉行過三十多次個展，著有《螢窗小語》、《我不是教你詐》、《人生是小小又大大的一條河》、《浴火少年》等一百餘冊，譯為英、韓、泰、越文等。

何寄澎（1950～）

拍攝時間：1967年春
拍攝地點：澎湖馬公

當時狀況：
就讀省立馬公中學高三。

臺灣大學中文系博士，曾任幼獅文化公司總編輯、臺灣大學學務長、臺文所所長、中文系系主任等，現任臺大中文系名譽教授、考試院考試委員。曾獲教育部木鐸獎、嘉新水泥學術著作獎等。著有《北宋的古文運動》、《唐宋古文新探》、《永遠的搜索：臺灣散文跨世紀觀省錄》等，另有散文集《等待》。

周梅春（1950～）

拍攝時間：1965年3月
拍攝地點：台南佳里

當時狀況：
就讀台灣省立北門中學初二時，於自宅與最
愛的寵物雞合影。

台南港明高商畢業，曾任出版社編輯、高雄
市兒童文學學會常務理事等。曾獲吳濁流文
學獎、國軍新文藝金像獎、高雄市文藝獎、
南瀛文學傑出獎等。著有《轉燭》、《看天
田》、《蝸牛角上的戰爭》、《記憶的盒
子》等。

阿　盛（1950～）

拍攝時間：1968年9月
拍攝地點：台南新營南光中學

當時狀況：
就讀台南新營南光中學高三。

本名楊敏盛。東吳大學中文系畢業，曾任職中國時報系17年，現主持「寫作私淑班」。
曾獲南瀛文學傑出獎、吳魯芹散文獎、吳三連獎、中山文藝獎等。著有《萍聚瓦窯
溝》、《行過急水溪》、《十殿閻君》、《夜燕相思燈》、《三都追夢酒》等二十餘
冊，作品收入高中、大學國文課本。主編散文選集二十多種。

陳亞南（1950～）

拍攝時間：1969年
拍攝地點：台中師範專科學校
　　　　　圖書館前

當時狀況：
就讀省立台中師範專科學校四
年級。

台灣師範大學教育系畢業。曾任中學教師、《北市青年》編輯。曾獲洪建全兒童文學獎、教育部文藝創作獎、青少年兒童劇展最佳編劇、梁實秋文學獎等。著有《尋訪大陸美麗山水》、《拾穗人生》、《和自己相遇》、《猶有溫婉》、《靜對滿天星》等三十餘冊。

陳鴻森（1950～）

拍攝時間：1980年
拍攝地點：台灣大學

當時狀況：
畢業於台灣大學。

台灣大學中文系畢業。曾任中研院史語所研究員、傅斯年圖書館主任，先後任教於東海、中山、中央、成功大學等校，現為中研院史語所兼任研究員。曾獲吳濁流新詩獎、國科會傑出研究獎。著有《期嚮》、《雕塑家的兒子》、《漢唐經學研究》、《清代學術史考證》等。

陳麗卿（1950～ ）

拍攝時間：約1965年
拍攝地點：雲林虎尾

當時狀況：
就讀台灣省立虎尾女子中學初一。

筆名凡尼。高雄國際商專畢業，曾任國小代課教師、記者。曾獲高雄市婦女文學獎、關懷兒童徵文小說獎。著有《鍾愛一生》、《智慧，讓我更加美麗》、《真愛，不能強求》、《不完美，也是一種美》、《百工圖》。

廖玉蕙（1950～ ）

拍攝時間：1964年
拍攝地點：台中女中

當時狀況：
初中即將畢業。校方請照相館的師傅到學校來拍畢業團體照及個人照。全班合照後，大夥兒推推擠擠的，一個個照學號排隊上陣。可能有人在前方鬧場，我忍住笑。頭髮雖然不達耳上三公分的規定，但因臉長，格外感覺髮短，有點滑稽。

東吳大學中國文學博士，台北教育大學語創系退休教授，目前專事寫作、演講。曾獲吳三連文學獎、吳魯芹散文獎、台中文學貢獻獎等。著有《家人相互靠近的練習》、《後來》、《五十歲的公主》等四十餘冊，多篇作品被選入國、高中課本及各種選集。

蔡　怡（1950～）

拍攝時間：1972年
拍攝地點：台灣大學

當時狀況：
台大中文系畢業，於校園傅鐘前留影。

美國密西根州韋恩州立大學教育博士，在美
國工作十多年，回台後從事英語教學師資
培訓及教材編寫、出版等工作。曾獲聯合
報文學獎、懷恩文學獎、福報文學獎等。著
有《繽紛歲月》、《烤神仙》、《忘了我是
誰》。

簡政珍（1950～）

拍攝時間：1975年
拍攝地點：高雄岡山空軍官校

當時狀況：
台灣大學外文系碩士畢業後服
兵役，於空軍官校英文組擔任
教官，時為少尉。

美國奧斯汀德州大學英美文學、比較文學博士。曾任中興大學外文系教授、系主任、亞
洲大學外語系教授、人文社會學院院長等，現任亞洲大學講座教授。曾獲創世紀詩社
35周年詩創作獎、金鼎獎等。著有《詩心與詩學》、《放逐詩學》、《台灣現代詩美
學》、《意象風景》、《失樂園》等二十餘冊。

王羅蜜多（1951～）

拍攝時間：1971年
拍攝地點：淡江大學

當時狀況：
就讀淡江大學中文系一年級。

本名王永成。南華大學宗教學碩士，現任公
職。曾獲台文戰線現代詩與小說首獎、教育
部閩客文學獎、乾坤詩獎、台中文學獎、玉
山文學獎、台南文學獎等。著有《颱風意識
流》、《鹽酸草》、《日頭雨截句》等。

白　靈（1951～）

拍攝時間：1968、69年
拍攝地點：國立台灣藝術教育館

當時狀況：
讀建國中學時，高二或高三吧，
與同學們站在校門對頭植物園
內，離不到七、八十公尺的國
立台灣藝術教育館台階上合影。
人人理個小平頭，排出一個大V
字型，不知為了升學或是未來。
（排在最前面雙手插腰放背後者
為白靈）

本名莊祖煌。曾任年度詩選編委、《台灣詩學季刊》主編、台北科技大學教授，現任台
北科技大學及東吳大學兼任副教授。曾獲中山文藝獎、國家文藝獎、台灣文學獎新詩金
典獎等。著有《五行詩及其手稿》、《愛與死的間隙》、《女人與玻璃的幾種關係》、
《一首詩的玩法》等二十餘冊。

古蒙仁（1951～）

拍攝時間：1977年3月

拍攝地點：金門

當時狀況：
輔仁大學中文系畢業後服役，為預備軍官，
於金門金防部砲兵營當訓練官兼射擊組長。

本名林日揚。美國威斯康辛大學文學碩士，
曾任《中央日報》副總編輯、國藝會副執行
長、雲林縣文化局局長、文建會主委辦公室
主任等。曾獲時報文學獎、吳三連文學獎、
金鼎獎等。著有《黑色的部落》、《吃冰的
另一種滋味》、《青埔悠活》等三十餘冊。

中新立事
2510

宋雅姿（1951～）

拍攝時間：1965年

拍攝地點：台南省立新營中學

當時狀況：
就讀省立新營中學初二。

世界新聞專科學校編採科畢業。曾任雜誌主
編、眾生出版社總編輯兼副社長、《人間
福報》副刊主編、《中央日報》藝文版主
編等。著有《坐看雲起時》、《善女人》、
《作家身影──12位作家的故事》等。

李勤岸（1951～）

拍攝時間：1968年
拍攝地點：台南中山公園

當時狀況：
就讀台南二中高二時，與同學李敏正合照。
（右為李勤岸）

本名李進發。美國夏威夷大學語言學博士，
曾任台灣師範大學台灣語文學系教授兼所
長、文學院副院長等，現任中正大學台文創
應所專案教授。曾獲草根詩獎、榮後台灣詩
獎、南瀛文學獎等。著有《黑臉》、《一等
國民三字經》、《李勤岸台語詩選》、《海
翁出帆》、《青春寫真》等二十餘冊。

胡爾泰（1951～）

拍攝時間：1990年6月18日
拍攝地點：國父紀念館

當時狀況：
台灣師範大學文學博士畢業照。

本名胡其德。台灣師範大學文學博士，曾任
教於台灣師範大學、輔仁大學、清雲科技大
學等校。曾獲教育部文藝創作獎。著有《香
格里拉》、《白日集》、《白色的回憶》、
《聖摩爾的黃昏》等。

徐惠隆（1951～）

拍攝時間：1976年5月
拍攝地點：屏東墾丁鵝鑾鼻

當時狀況：
1975年11月入伍，成為海軍陸戰隊輜汽營
上等兵兼文書，部隊駐紮屏東潮州東岸營
區，負責訓練駕駛兵。次年5月隨駕訓車隊
由潮州開往墾丁鵝鑾鼻，每人輪流開車十公
里，大街小巷繞來繞去，考上軍用十輪大卡
車執照。

文化大學哲學系畢業，台灣師範大學國文系
結業，曾任國中教師、《蘭陽青年》、《九
彎十八拐》文學雙月刊編輯等。著有《蘭陽
的歷史與風土》、《盈科齋隨筆》、《走過
蘭陽歲月》、《海味宜蘭》。

張開基（1951～）

拍攝時間：1970年
拍攝地點：花蓮

當時狀況：
就讀花蓮中學高三。

文化大學中文系畢業，曾任《更生日報》專
刊主任、《皇冠》雜誌採訪主任，創辦《神
祕》雜誌。著有《醉臥阿根廷》、《接觸死
亡》、《自然人的心靈》、《用另一種心情
來花蓮》、《家在金三角》等三十餘冊。

黃錫淇（1951～）

拍攝時間：1969年
拍攝地點：宜蘭

當時狀況：
省立宜蘭高級商業職業學校畢業照。

文化大學中文所學分班結業，曾任康寧護
專、空中大學兼任講師。曾獲教育部文藝創
作獎、台灣省文學獎、台北律師公會法律徵
文獎。著有《感風吟月未了情》、《黃錫淇
短篇小說集》、《原愛無罪》。

李筱峰（1952～）

拍攝時間：1968年
拍攝地點：台南

當時狀況：
就讀台南二中高一。

台灣師範大學歷史所碩士，曾任報社記者、
編輯、主筆、世新大學通識教育中心、台北
教育大學台文所教授，現任長榮大學台灣所
兼任教授。著有《台灣民主運動40年》、
《台灣革命僧林秋梧》、《二二八消失的台
灣菁英》、《解讀二二八》等。

莫 云（1952～）

拍攝時間：1969年
拍攝地點：台中女中

當時狀況：
高二時體育課。

本名宋淑芬。台灣大學中文系畢業，曾任國中教師《海星詩刊》主編，曾獲教育部文藝創作獎、中央日報文學獎、梁實秋文學獎、教育廳兒童文學創作獎等。著有《塵網》、《推開一扇面海的窗》、《她和貓的往事》、《紫荊又開》、《時間的迷霧》等。

零 雨（1952～）

拍攝時間：1970年
拍攝地點：台北

當時狀況：
景美女中畢業照。

本名王美琴。美國威斯康辛大學東亞文學系碩士，曾任《現代詩》主編、《現在詩》創社發起人之一、《國文天地》副總編輯、宜蘭大學教師。曾獲年度詩獎、吳濁流文學獎、太平洋國際詩歌獎。著有《城的連作》、《消失在地圖上的名字》、《特技家族》、《我正前往你》、《膚色的時光》等。

潘台成（1952～）

拍攝時間：1973年4月14日
拍攝地點：屏東潮州

當時狀況：
特種部隊跳傘留念。大學畢業後服預官役，
時為少尉。

淡江大學英語系畢業，曾任郵局經理。著有
《請不要遮住我的陽光》、《綠化心靈》、
《一念之間我想改變》、《我簡單我快
樂》、《幸福集點卡》等。

方 杞（1953～）

拍攝時間：約1966年
拍攝地點：高雄父母家門前

當時狀況：
高雄市立第三初級中學（今獅甲國中）一年
級。

本名吉廣興。高雄師範大學國文系博士，曾
任高中教師、佛光出版社社長、佛光山文化
院執行長等。曾獲聯合報文學獎、台灣新聞
報文學獎、高雄市文藝獎等。著有《孟瑤評
傳》、《覷紅塵》、《人不癡情枉少年》、
《人間難》、《人生禪》等三十餘冊，作品
選入多種散文選集。

平　路（1953～）

拍攝時間：約1970年
拍攝地點：北一女中

當時狀況：
就讀北一女高三時校園留影。

本名路平。美國愛荷華大學數理統計碩士，曾任香港光華文化與新聞中心主任，現為中央廣播電台董事長。曾獲時報文學獎、聯合報文學獎、吳三連文學獎等。著有《黑水》、《行道天涯》、《婆娑之島》、《何日君再來》、《凝脂溫泉》、《袒露的心》等二十餘冊，多部小說譯有英、法、日、韓文等。

林文義（1953～）

拍攝時間：1976年10月
拍攝地點：台北淡水長老教會旁

當時狀況：
退伍第三天，開始試著認識社會。

台灣藝術專科學校廣播電視科畢業，曾任《自立副刊》主編、廣播與電視節目主持人、時政評論員，現專事寫作。曾獲台灣文學獎圖書金典獎。著有《酒的遠方》、《夜梟》、《遺事八帖》、《革命家的夜間生活》、《北風之南》、《顏色的抵抗》等四十餘冊。

林水福（1953～ ）

拍攝時間：1968年
拍攝地點：雲林虎尾

當時狀況：
省立虎尾中學畢業照。

日本東北大學文學博士，曾任台北駐日經濟文化代表處台北文化中心主任、輔仁大學外語學院院長、梅光女學院大學副教授、高雄第一科技大學副校長、外語學院院長等，現任南台科技大學教授。著有《日本現代文學掃描》、《源氏物語的女性》、《日本，不能直譯》等，翻譯日本名家作品二十多部。

封德屏（1953～ ）

拍攝時間：約1968年
拍攝地點：台中清水

當時狀況：
就讀台灣省立清水中學，初中畢業照，這是加入中國青年寫作協會台中縣分會的會員證照，也在此年初識陳千武、張彥勳前輩作家。

淡江大學中文系博士，現任《文訊》雜誌社長兼總編輯、台灣文學發展基金會董事長、紀州庵文學森林館長。曾獲金鼎獎雜誌類最佳編輯獎、圖書類特別貢獻獎、台北文化獎等。著有《美麗的負荷》、《荊棘裡的亮光──《文訊》編輯檯的故事》、《我們種字，你收書──《文訊》編輯檯的故事2》。

郭明福（1953～）

拍攝時間：1970年
拍攝地點：高屏溪畔

當時狀況：
就讀台灣省立嘉義高中二年級時，同學造訪父親的西瓜園，合影於高屏溪畔。（左起李朝選、郭寶聯、郭明福、蘇勝榮、王清風）

東吳大學中文系畢業，曾任代課教師、警察局職員、西松國小文書組長。曾獲時報文學獎、臺灣省文學獎等。著有《溪鄉鴻影》、《年華無聲》、《琳瑯書滿目》。

蘇進強（1953～）

拍攝時間：1969年
拍攝地點：桃園中壢

當時狀況：
16歲時就讀陸軍士官學校一年級。

三軍大學畢業。曾任張榮發基金會國家政策研究中心研究員、中華民國文化復興總會祕書長、《台灣時報》社長兼總編輯等。曾獲聯合報文學獎、時報文學獎、吳濁流文學獎、國軍新文藝金像獎等。著有《楊桃樹》、《少年軍人紀事》、《江山有待》、《老楊和他的女人》等二十餘冊。

郜　瑩（1954～）

拍攝時間：1972年6月
拍攝地點：台北某照相館

當時狀況：
景美女中畢業。

文化大學中文系文藝組畢業，曾任電視及廣播節目製作人、主持人。曾獲文建會優良廣播節目獎、電視金鐘獎等。著有《因緣人間》、《想要一顆心》、《釀一罈有情的酒》、《新疆的太陽不睡覺》、《行走在美麗的最深處》、《信物》等二十餘冊。

劉小梅（1954～）

拍攝時間：1970年
拍攝地點：北一女中

當時狀況：
就讀北一女高一。

美國聖約翰大學亞洲研究所碩士，曾任警廣電台節目製作人及主持人、中國廣播公司節目部編審、《聯合報》副刊編輯等。曾獲文協文藝獎章、世界桂冠詩人獎等。著有《雕像》、《影像的約會》、《種植一株寧靜》、《人間有愛》、《寫給青少年的人生故事》等。

蘇偉貞（1954～）

拍攝時間：1984年
拍攝地點：台北中山堂附近老照相館

當時狀況：
國防部藝工總隊借調國防部政二處政戰官，
時為上尉。

香港大學哲學博士，曾任《聯合報》讀書人
版主編，現任教於成功大學中文系。曾獲
聯合報小說獎、時報文學百萬小說評審團
評審獎、金鼎獎、九歌年度小說獎等。著有
《旋轉門》、《租書店的女兒》、《時光隊
伍》、《沉默之島》、《離開同方》、《孤
島張愛玲：追蹤張愛玲香港時期（1952-
1955）小說》等。

向　陽（1955～）

拍攝時間：1971年寒假
拍攝地點：南投竹山郊區

當時狀況：
就讀南投竹山高中一年級，參
加行義童子軍露營。

本名林淇瀁。政治大學新聞系博士，曾任《自立晚報》副刊主編、副社長兼總主筆、自
立報系總編輯，現任台北教育大學台灣文化研究所教授。曾獲吳濁流文學獎、國家文藝
獎、玉山文學獎文學貢獻獎、台灣文學獎圖書金典獎、傳藝金曲獎最佳作詞人獎等。著
有學術論著、詩集、散文集、評論集等五十餘冊，編譯作品三十餘種。

林央敏（1955～）

拍攝時間：1970年春
拍攝地點：嘉義太保嘉新國中教師辦公室

當時狀況：
就讀嘉新國中三年級。

輔仁大學中文系畢業，曾任小學、大學教師、台語文推展協會會長等，現任《台文戰線》發行人。曾獲聯合報文學獎、巫永福獎、金曲獎最佳作詞人獎等。著有《胭脂淚》、《菩提相思經》、《家鄉即景詩》、《收藏一撮牛尾毛》等三十餘冊，作品選入教科書及各類選集，部分作品譯為英、日文。

喜 菡（1955～）

拍攝時間：1968年
拍攝地點：高雄

當時狀況：
就讀新生國中一年級參加新生大露營，與同學合影。（後立左四為喜菡）

本名彭淑芬。淡江大學中文系畢業，曾任《掌門詩學》主編、港都文藝學會常務理事兼總幹事、高雄中正高工國文教師，現專事寫作，並為小太陽兒童創意作文成長班負責人、喜菡文學網站長。曾獲花蓮文學獎、大武山文學獎等。著有《骨子裡風騷》、《今夜化濃妝》。

鍾鐵鈞（1956～）

拍攝時間：1977年2月4日
拍攝地點：金門陽宅的照相館

當時狀況：
緣於剛抵達「單打雙不打」的金門前線駐守，能否平安退伍返台的不確定性，遂至金門陽宅的照相館拍照誌念。

筆名鍾欣亞。高雄工專（今高雄應用科技大學）電子科畢業，現任中華電信公司專員、鍾理和文教基金會董事。曾獲鍾肇政文學獎。著有《笠山依舊在》、《家園長青》。

阮慶岳（1957～）

拍攝時間：1980年10月
拍攝地點：台南永康

當時狀況：
受砲兵預官訓。

美國賓夕法尼亞大學建築碩士，曾任職美國建築公司多年，並於台北成立建築師事務所，現為元智大學藝術與設計學系專任教授。曾獲台灣文學獎、巫永福文學獎、台北文學獎、《亞洲週刊》中文十大好書等。著有《神秘女子》、《黃昏的故鄉》、《林秀子一家》、《開門見山色》、《弱建築》等二十餘冊。

廖鴻基（1957～）

拍攝時間：1974年10月
拍攝地點：花蓮高中

當時狀況：
就讀花蓮高中二年級。

曾從事漁撈，以及執行多樣海洋計畫，並將海上生活觀察與感想寫成作品。曾獲聯合報讀書人最佳書獎、吳濁流文學獎、台北文學獎、花蓮文化薪傳獎等。著有《討海人》、《鯨生鯨世》、《漂流監獄》、《來自深海》、《漂島》、《十六歲的海洋課》等二十餘冊，多篇文章選入中小學國文課本及重要選集。

孟 樊（1959～）

拍攝時間：1976年
拍攝地點：台南一中

當時狀況：
就讀台南一中高二。

本名陳俊榮。台灣大學法學博士，曾長期於傳播界任職，曾任佛光大學文學系暨台北教育大學語創系主任，現為台北教育大學語創系教授。著有《我的音樂盒》、《戲擬詩》、《當代台灣新詩理論》、《台灣中生代詩人論》、《從覃子豪到林燿德──台灣當代詩論家》等三十餘冊，詩作收入兩岸各類詩選集。

李偉文（1961～）

拍攝時間：1996年
拍攝地點：台北三重湯城牙醫診所

當時狀況：
將湯城牙醫診所變成社區圖書館。

中山醫學大學牙醫系畢業，牙科醫師、專欄作家、環保志工。二十多年前與朋友成立「荒野保護協會」，曾任公共電視董事、教育部環保小組顧問等。著有《我的野人朋友》、《你每天都在改變世界》、《與荒野同行》、《教養可以這麼浪漫》、《傾聽自己的鼓聲》、《幫青蛙找新家》等三十餘冊。

林明理（1961～）

拍攝時間：1985年夏
拍攝地點：逢甲大學

當時狀況：
逢甲大學畢業照。

逢甲大學商學院畢業，文化大學法學碩士，曾任屏東師範學院講師，現任中國文藝協會理事、中華民國新詩學會理事。著有《夜櫻》、《山楂樹》、《回憶的沙漏》、《清雨塘》、《用詩藝開拓美──林明理談詩》等。

翁　翁（1961～）

拍攝時間：1978年
拍攝地點：台北永和復興美工
　　　　　校園操場

當時狀況：
某個尋常的夏天午後，美工二
忠班外出寫生前點名，某位學
長從二樓俯拍。（中後方舉手
者為翁翁）

本名翁國鈞。曾任職中國時報系美術編輯、設計主編，曾任雜誌社總編輯、設計公司、
出版公司、傳播公司設計總監等職，現主持不倒翁視覺創意工作室、金門文藝執行主
編。著有《書的容顏》、《柴門輕扣》、《禁忌海峽》、《睡山》、《緩慢與昨日》、
《無江》等。

張曼娟（1961～）

拍攝時間：1975年春
拍攝地點：圓山飯店下方的公園

當時狀況：
就讀世新專校二年級。

東吳大學中國文學博士，曾任教於文化大
學、東吳大學、香港中文大學，現專事寫作。
創辦「紫石作坊」、「張曼娟小學堂」。
著有《海水正藍》、《緣起不滅》、《天一
亮，就出發》、《那些美好時光》、《我輩
中人》、《微小的快樂》等四十餘冊。

巴　代（1962～）

拍攝時間：1977年
拍攝地點：高雄鳳山中正預校

當時狀況：
就讀中正預校一年級。

台南大學台灣文化研究所碩士，部落文史工作者、專職寫作。曾獲山海文學獎、金鼎獎、台灣文學獎圖書金典獎、吳三連文學獎、全球華文文學星雲獎歷史小說獎等。著有《笛鸛》、《斯卡羅人》、《走過》、《最後的女王》、《暗礁》、《野韻》等。

侯文詠（1962～）

拍攝時間：1979年
拍攝地點：台南一中

當時狀況：
就讀台南一中高二。

台灣大學醫學博士，曾任台大及萬芳醫院醫師、台北醫學大學醫學人文研究所副教授等，目前專職寫作。著有《大醫院小醫師》、《我的天才夢》、《白色巨塔》、《危險心靈》、《靈魂擁抱》、《人浮於愛》等二十餘冊。

宇文正（1964～）

拍攝時間：約1981年
拍攝地點：景美女中

當時狀況：
高三時與同學合影。（前右二
為宇文正）

本名鄭瑜雯。美國南加大東亞所碩士，曾任記者、出版社編輯、副刊主編，現任《聯合報》副刊組主任。著有《台北卡農》、《微鹽年代·微糖年代》、《丁香一樣的顏色》、《庖廚食光》、《負劍的少年》、《文字手藝人——一位副刊主編的知見苦樂》等二十冊。

沈秋蘭（1964～）

拍攝時間：1971年左右
拍攝地點：嘉義市區的照相館

當時狀況：
就讀嘉義縣番路鄉內甕國小一年級。

台北教育大學台灣文化研究所碩士，曾任國小教師，現已退休。曾獲蘭陽文學獎、桃園縣文藝創作獎、福報文學獎、桃園縣兒童文學創作獎、鍾肇政文學獎等。著有《童年最後一個夏天》、《野鼠與松樹》、《馬爺爺的一天》、《長尾山娘的山林》。

黃惠禎（1964～）

拍攝時間：1986年6月14日
拍攝地點：政治大學

當時狀況：
大學畢業典禮後與同窗好友合影。（左起黃惠禎、俞壽成、張汶珠）

政治大學中國文學博士，曾任《楊逵全集》執行編輯、聯合大學台灣語文與傳播學系主任等，現任聯合大學人文與社會學院院長、台灣語文與傳播學系教授。著有《楊逵及其作品研究》、《左翼批判精神的鍛接：四〇年代楊逵文學與思想的歷史研究》、《戰後初期楊逵與中國的對話》。

林美麗（1965～）

拍攝時間：1983年
拍攝地點：屏東內埔龍泉村

當時狀況：
就讀屏東華洲高級工業家事學校三年級時去同學家烤地瓜，享受田園樂。

成功大學台文系碩士，現任仁愛國小、復興國小母語支援教師。曾獲府城文學獎、台南文學獎、教育部母語文學獎、屏東母語文學創作獎、阿却賞台語文學獎、懷恩文學獎等。著有《八卦紅之心》。

湯芝萱（1966～）

拍攝時間：1990年
拍攝地點：東吳大學

當時狀況：
大學畢業照。（左二為湯芝萱）

東吳大學中文系畢業，現任《國語日報》副刊組組長，曾編輯《國語日報》科學版、兒童版、藝術版、少年文藝版、生活版、星期天書房版。合著有《放學後衝蝦米？》、《荒野探險隊》等。

朱國珍（1967～）

拍攝時間：1992年
拍攝地點：桃園國際機場

當時狀況：
擔任華航空姐時，CI012台北飛紐約，個人第一次飛國際線長班。

東華大學藝術碩士，曾任空服員、電視節目主持人、新聞主播，現專事寫作並擔任廣播節目主持人。曾獲聯合文學小說新人獎、台北文學獎、林榮三文學獎、《亞洲週刊》十大華文小說。著有《古正義的糖》、《慾望道場》、《半個媽媽半個女兒》、《中央社區》等。

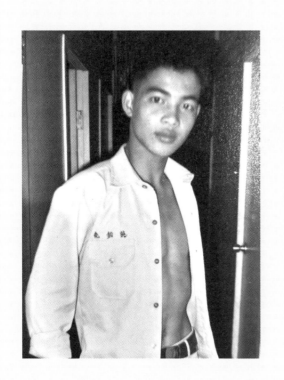

吳鈞堯（1967～）

拍攝時間：1983年
拍攝地點：台北三重家中

當時狀況：
就讀南港高工二年級。

東吳大學中文系碩士，曾任《幼獅文藝》主編，現專職寫作。曾獲時報文學獎、聯合報文學獎、梁實秋文學獎、九歌年度小說獎、台北國際書展小說類十大好書、金鼎獎等。著有《火殤世紀》、《孿生》、《遺神》、《回憶打著大大的糖果結》等二十餘冊。

張繼琳（1967～）

拍攝時間：1992年10月28日
拍攝地點：雲林

當時狀況：
楊梅二六九師一○七五營在雲林下基地，時任安全士官值勤。

文化大學美術系畢業，現任國中教師。曾獲優秀青年詩人獎、台北文學獎、聯合報文學獎、林榮三文學獎等。著有《那段放牧時光》、《角落》、《關於女鬼的詩》、《午後》、《瓦片》等。

傅怡禎（1967～ ）

拍攝時間：1985年8月
拍攝地點：台中成功嶺

當時狀況：
剛成為大學新鮮人上成功嶺受訓留影。

文化大學中文博士候選人，並服務於大仁科
技大學。曾任屏東縣作家文庫撰寫委員、
「大仁電子報」編輯委員等，現任屏東縣阿
猴文學會理事、台灣文學創作者協會理事、
屏東縣文化處《文化生活》編輯委員。著有
《幽然想起》。

紫 鵑（1968～ ）

拍攝時間：1980年
拍攝地點：台北幸安國小

當時狀況：
小學六年級運動會。當時與幾
位同學一起拉國旗，最愛的母
親及最漂亮的五阿姨也來看
我，那是童年很美好的回憶。

本名許維玲。曾任《乾坤》詩刊現代詩主編，現任《創世紀》現代詩編輯。曾獲優秀
青年詩人獎、廣播金鐘獎戲劇大觀園團體獎（劇本占20%）。詩合輯作品有《愛情五
味》、《保險箱裡的星星》等。

顏艾琳（1968～）

拍攝時間：1985年
拍攝地點：省立海山高工

當時狀況：
那年考上海山高工模具科，中學高一都會舉辦軍訓比賽，由於國小曾任合唱團指揮，因此也由我指揮軍歌比賽。

輔仁大學歷史系畢業。曾任聯經出版公司主編、九歌出版社副總編輯等職。曾獲創世紀詩刊40周年優選詩作獎、全國優秀詩人獎、吳濁流文學獎等。著有《骨皮肉》、《微美》、《A贏的地味》、《吃時間》等，部分詩作譯成英、法、韓、日文等，並被選入各種國文教材。

郝譽翔（1969～）

拍攝時間：1991年6月
拍攝地點：台灣大學

當時狀況：
台大中文系畢業照。（後為郝譽翔）

台灣大學中文系博士，曾任教於中正大學、東華大學，現任台北教育大學語創系教授。曾獲金鼎獎、時報開卷年度好書獎、聯合文學小說新人獎、時報文學獎、台北文學獎等。著有《幽冥物語》、《逆旅》、《洗》、《回來以後》、《溫泉洗去我們的憂傷》、《情慾世紀末：當代台灣女性小說論》等。

邱一帆（1971～）

拍攝時間：1996年
拍攝地點：新竹湖口

當時狀況：
於新竹湖口服兵役清理戰車，
時為上兵。

新竹教育大學台語所客語組畢業，目前在苗栗南庄國小教書、合力創刊《文學客家》。
曾獲夢花文學獎、李江却台語文學獎、教育部客語文學獎等。著有《田螺》、《油桐花
下个思念》、《阿姆个心事》、《起一堆火在路脣》、《族群‧語言‧文學》等。

謝明輝（1973～）

拍攝時間：1991年
拍攝地點：台南善化高中

當時狀況：
高三時，在台南善化高中教
室。家住台南市南區，首次離
家在外寓居學習，若有所思，
此乃文學萌芽期，因為離家有
了各種人生體驗。

中山大學文學博士，曾任教中山大學、台南大學、台南應用科大、長榮大學、高雄海洋
科大等校，現任亞洲大學通識中心專案助理教授。著有《文學博士踹共大學的生命體
驗》、《井字格取名法的創意寫作》等。

許　赫（1975～）

拍攝時間：2016年5月7日
拍攝地點：新北板橋高中

當時狀況：
於母校板橋高中70周年校慶時，穿上回憶的制服參與懷舊同學會。

本名張仰賢。就讀政治大學民族學系博士班，為斑馬線文庫出版社、心波力簡單書店負責人。著有《在城市，沒有人赴約的晚上》、《診所早晨的晴日寫生》、《原來女孩不想嫁給阿北》、《囚徒劇團》、《郵政櫃台的秋天》等。

劉承賢（1975～）

拍攝時間：2010年6月18日
拍攝地點：台灣師範大學正門

當時狀況：
碩士服畢業照。

台灣師範大學台文系碩士，清華大學語言所博士，現任嘉義大學語言中心專案助理教授。曾獲台南文學獎、李江却台語文學獎等。著有《倒轉：台語短篇小説集》、《翻身・番身》。

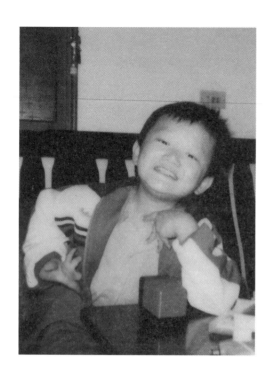

蔡文傑（1975～）

拍攝時間：1983年
拍攝地點：台中清水舅舅家

當時狀況：
就讀清水國中二年級。

創設「呈傑廣告設計」。曾獲中縣文學獎、
磺溪文學獎、全國身心障礙者文薈獎及全國
社會優秀青年代表、身心障礙楷模金鷹獎
等。著有《風大我愈欲行》、《總有天光日
照來》。

鄭順聰（1976～）

拍攝時間：1994年
拍攝地點：台中成功嶺

當時狀況：
於成功嶺大專集訓。

台灣師範大學國文所畢業，曾任《聯合文
學》執行主編，現於教育廣播電台主持全台
語節目《拍破台語顛倒勇》。著有《時刻
表》、《家工廠》、《晃遊地》、《黑白片
中要大笑》、《台語好日子》、《大士爺厚
火氣》等。

楊佳嫻（1978～）

拍攝時間：1994年
拍攝地點：高雄前鎮高中

當時狀況：
高二時一年一度的運動會，運動苦手如我就留在看台納涼。前鎮高中的運動服是淡藍色上衣配色彩鮮明到可怕的寶藍長褲，全班一致決定另外採購樣式比較正常的白色班服來穿。

台灣大學中文系博士，現為清華大學中文系副教授。著有《屏息的文明》、《少女維特》、《金烏》、《雲和》、《小火山群》、《懸崖上的花園：太平洋戰爭時期上海文學場域（1942-1945）》等。

田威寧（1979～）

拍攝時間：1998年6月6日
拍攝地點：北一女中

當時狀況：
高三畢業典禮結束，我的制服都是同學的簽名。北一女是我第一所完整讀完的學校，所以我一直把北一女當作真正的家。最幸運的是認識了身邊這位靈魂雙生子。（右為田威寧）

政治大學中文系碩士，現為北一女中國文教師。曾獲台灣文學獎、台北文學獎、林語堂文學獎等。著有《寧視》。

吳妮民（1981～）

拍攝時間：2014年
拍攝地點：新北市某診所

當時狀況：
接受《聯合文學》雜誌採訪。
（賴小路攝影）

台灣大學臨床醫學研究所碩士，現職醫師。曾獲全球華文文學星雲獎報導文學獎、林榮三文學獎、時報文學獎、梁實秋文學獎、台北文學獎、全國學生文學獎等。著有《私房藥》、《暮至台北車停未》。

林立青（1985～）

拍攝時間：2008年
拍攝地點：桃園平鎮

當時狀況：
當兵時擔任監工軍服照，時為
陸軍二十一炮一等兵。（左一
為林立青）

本名林亞靖。東南科技大學進修部土木系畢業，擔任監工十餘年，兼從事寫作。第一本書《做工的人》榮獲2017 金石堂「十大影響力好書」、Openbook 好書獎「美好生活書」、誠品書店閱讀職人大賞「最想賣」、「年度最期待在地作家」等。2018年出版《如此人生》。

陳又津（1986～）

拍攝時間：2004年
拍攝地點：台北市中山北路

當時狀況：
北一女三年級時拍攝畢業紀念照。

台灣大學戲劇所劇本創作組碩士，現任職媒
體。曾獲角川華文輕小說決選入圍、新北市
文學獎、香港青年文學獎、教育部文藝創作
獎、時報文學獎等。著有《少女忽必烈》、
《準台北人》、《跨界通訊》、《新手作家
求生指南》。

李奕樵（1987～）

拍攝時間：2010年2月
拍攝地點：台北新莊「搶救文
　　　　　壇新秀再作戰」文
　　　　　藝營

當時狀況：
那是文藝營始業式，缺乏創作
實績的我是當時社團的總幹
事，在兩個月後即將入伍。那
時講師有榮哲、翊峰、伊格
言、儀婷。伊格言好像正憂鬱
著。榮哲儀婷的女兒三三也在
這一年出生。翊峰的《幻艙》即將出版。剛出書的第一屆成員宥勳也開始站上講師席。
那裡的時間會前進，我們年復一年相聚，有成長、離去，也有傳承。（右一為李奕樵，
穿著耕莘青年寫作會會服）

數學系畢業，自學成為資訊工程師。耕莘青年寫作會成員。《秘密讀者》成員。曾獲林
榮三文學獎、台北文學獎，入選九歌《一〇二年小說選》。著有《遊戲自黑暗》。

盛浩偉（1988～）

拍攝時間：2018年8月27日
拍攝地點：深夜名堂攝影棚（新北板橋江子翠）

當時狀況：
即將替代役退役，也正式告別研究生與學院生活，加上越來越多邀約需要提供作者個人照，為了工作方便，和攝影師深夜名堂約拍了一組個人照，也就順便替消防役的替代役生涯留念——畢竟最操的消防役，也只有「制服好看」這點可以自我安慰了。

台灣大學台文所碩士，曾赴日本東北大學、東京大學交換留學。曾獲時報文學獎、台積電青年學生文學獎等，參與編輯電子書評雜誌《秘密讀者》。著有《名為我之物》，合著有《華麗島軼聞：鍵》、《終戰那一天：台灣戰爭世代的故事》、《百年降生：1900-2000台灣文學故事》等。

楊　婕（1990～）

拍攝時間：2007年
拍攝地點：台中衛道中學

當時狀況：
就讀台中衛道中學高三。

台灣大學台文所博士生。曾獲時報文學獎、梁實秋文學獎、全國學生文學獎、台中文學獎等，作品選入多種選集。著有散文集《房間》、《她們都是我的，前女友》。

作家姓名筆畫索引

文訊

文藝資源與社會共享

每一位作家，就是一個文庫
每一筆資料，都是一件寶物

全集式系統收藏作家作品的不同版本、手稿、書信、照片、影音、評論文章等相關資料。各種文學工具書、資料庫、台灣文學專題、全文掃描三十六年內容的《文訊知識庫》……盡收眼底。

優惠期間：
即日起至二〇一九年十二月三十一日

優惠價格：
學生會員　年費　台幣五〇〇元（原價一〇〇〇元）
一般會員　年費　台幣一〇〇〇元（原價二〇〇〇元）
文訊訂戶　年費　台幣五〇〇元（原價一〇〇〇元）

本社提供刷卡服務，請來信或來電索取刷卡單。

f 文藝資料研究及服務中心

文藝資料 研究及服務中心
Literary Materials Research & Service Center

指導單位：文化部 MINISTRY OF CULTURE

10048 台北市中山南路11號B2
開放時間：週一至週五 09:30~17:30
週六、週日及國定假日・固定休館
聯絡資訊：wsnlib@gmail.com
服務電話：+886-2-2343-3142#401 黃小姐

2019文藝雅集

青春昂揚 —— 作家制服照片特刊

總編輯／　　封德屏
執行編輯／　杜秀卿・游文宓・黃基銓
工作小組／　吳穎萍・邱怡瑄・徐嘉君・王映儒
美術設計／　翁翁・不倒翁視覺創意
照片來源／　向作家徵集
出版者／　　文訊雜誌社
地址／　　　10048 台北市中正區中山南路11號B2
電話／　　　02-23433142
印刷／　　　松霖彩色印刷公司
初版／　　　2019年10月4日
定價／　　　新臺幣150元
ISBN／　　　978-986-6102-44-8

【本活動由文化部推動國家文化記憶庫計畫補助】
【刊物印刷由2019文藝雅集計畫補助】

國家圖書館出版品預行編目(CIP)資料

文藝雅集. 2019：青春昂揚：作家制服照片
特刊 / 文訊雜誌社編. -- 初版. -- 臺北市：
文訊雜誌社, 2019.10
　面；　公分
ISBN 978-986-6102-44-8 (平裝)

1.作家 2.傳記 3.照片集

783.31　　　　　　　　　　108015904

【2019文藝雅集】

策畫／　　　財團法人台灣文學發展基金會
贊助／　　　文化部・台北市文化局・客家委員會・中華文化總會
　　　　　　財團法人洪建全教育文化基金會・財團法人世聯倉運文教基金會
禮品贊助／　三花棉業　大愛電視 Da Ai Television
承辦／　　　文訊雜誌社
協辦／　　　人間福報・大海洋詩雜誌社・山海文化雜誌社・中國文藝協會・中國婦女寫作協會・中
　　　　　　華日報副刊・中華民國兒童文學學會／火金姑會訊・中華民國專欄作家協會・中華民國
　　　　　　筆會／台灣文譯・中華金門筆會・文學台灣雜誌社・世界女記者與作家協會—中華民國
　　　　　　分會・台北市閱讀寫作協會・台灣客家筆會／文學客家・台灣詩學季刊社・台客詩社・
　　　　　　幼獅文藝・印刻文學生活誌・安可人生・有荷文學雜誌／喜菡文學網・明道文藝・金門
　　　　　　縣文化局・金門文藝・金門旅外藝文學會・青溪新文藝・客家雜誌社・皇冠雜誌・秋水
　　　　　　詩刊・紀州庵文學森林・海翁台語文學・從容文學・乾坤詩刊雜誌社・國文天地雜誌
　　　　　　社・國立傳統藝術中心・國語日報・野薑花詩社・創世紀詩雜誌社・普音文化公司・開
　　　　　　朗雜誌事業有限公司・葡萄園雜誌社・經典雜誌・熟年誌・聯合文學雜誌・聯合報副
　　　　　　刊・聯經出版事業股份有限公司・藝術家雜誌社・鹽分地帶文學／臺南市政府文化局